This Fish Tank Journal

Belongs to:

FISH TANK OBSERVATIONS

FISH BEHAVIOR

-
-
-
- Swiming
-
-
-

WATER MAINTENANCE

-
-
-
- safe
-
-
-

FEEDING

-
- fed
-

TEMPERATURE

-
- 35 c°
-

FISH TANK
OBSERVATIONS

FISH BEHAVIOR

Swiming

WATER MAINTENANCE

safe

FEEDING

fed

TEMPERATURE

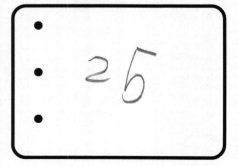

25

FISH TANK
OBSERVATIONS

FISH BEHAVIOR

-
-
-
-
-
-
-
-

WATER MAINTENANCE

-
-
-
-
-
-
-

FEEDING

-
-
-

TEMPERATURE

-
-
-

FISH TANK OBSERVATIONS

FISH BEHAVIOR

-
-
-
-
-
-
-
-

WATER MAINTENANCE

-
-
-
-
-
-
-
-

FEEDING

-
-
-

TEMPERATURE

-
-
-

FISH TANK
OBSERVATIONS

FISH BEHAVIOR

-
-
-
-
-
-
-
-

WATER MAINTENANCE

-
-
-
-
-
-
-
-

FEEDING

-
-
-

TEMPERATURE

-
-
-

FISH TANK
OBSERVATIONS

FISH BEHAVIOR

-
-
-
-
-
-
-
-

WATER MAINTENANCE

-
-
-
-
-
-
-
-

FEEDING

-
-
-

TEMPERATURE

-
-
-

FISH TANK
OBSERVATIONS

FISH BEHAVIOR

-
-
-
-
-
-
-
-

WATER MAINTENANCE

-
-
-
-
-
-
-
-

FEEDING

-
-
-

TEMPERATURE

-
-
-

FISH TANK
OBSERVATIONS

FISH BEHAVIOR

-
-
-
-
-
-
-
-

WATER MAINTENANCE

-
-
-
-
-
-
-
-

FEEDING

-
-
-

TEMPERATURE

-
-
-

FISH TANK OBSERVATIONS

FISH BEHAVIOR

-
-
-
-
-
-
-
-

WATER MAINTENANCE

-
-
-
-
-
-
-
-

FEEDING

-
-
-

TEMPERATURE

-
-
-

FISH TANK
OBSERVATIONS

FISH BEHAVIOR

-
-
-
-
-
-
-
-

WATER MAINTENANCE

-
-
-
-
-
-
-
-

FEEDING

-
-
-

TEMPERATURE

-
-
-

FISH TANK OBSERVATIONS

FISH BEHAVIOR

-
-
-
-
-
-
-
-

WATER MAINTENANCE

-
-
-
-
-
-
-
-

FEEDING

-
-
-

TEMPERATURE

-
-
-

FISH TANK OBSERVATIONS

FISH BEHAVIOR

-
-
-
-
-
-
-
-

WATER MAINTENANCE

-
-
-
-
-
-
-
-

FEEDING

-
-
-

TEMPERATURE

-
-
-

FISH TANK OBSERVATIONS

FISH BEHAVIOR

-
-
-
-
-
-
-
-

WATER MAINTENANCE

-
-
-
-
-
-
-
-

FEEDING

-
-
-

TEMPERATURE

-
-
-

FISH TANK OBSERVATIONS

FISH BEHAVIOR

-
-
-
-
-
-
-
-

WATER MAINTENANCE

-
-
-
-
-
-
-

FEEDING

-
-
-

TEMPERATURE

-
-
-

FISH TANK
OBSERVATIONS

FISH BEHAVIOR

-
-
-
-
-
-
-
-

WATER MAINTENANCE

-
-
-
-
-
-
-

FEEDING

-
-
-

TEMPERATURE

-
-
-

FISH TANK OBSERVATIONS

FISH BEHAVIOR

-
-
-
-
-
-
-
-

WATER MAINTENANCE

-
-
-
-
-
-
-
-

FEEDING

-
-
-

TEMPERATURE

-
-
-

FISH TANK OBSERVATIONS

FISH BEHAVIOR

-
-
-
-
-
-
-
-

WATER MAINTENANCE

-
-
-
-
-
-
-
-

FEEDING

-
-
-

TEMPERATURE

-
-
-

FISH TANK
OBSERVATIONS

FISH BEHAVIOR

-
-
-
-
-
-
-
-

WATER MAINTENANCE

-
-
-
-
-
-
-
-

FEEDING

-
-
-

TEMPERATURE

-
-
-

FISH TANK OBSERVATIONS

FISH BEHAVIOR

-
-
-
-
-
-
-
-

WATER MAINTENANCE

-
-
-
-
-
-
-
-

FEEDING

-
-
-

TEMPERATURE

-
-
-

FISH TANK
OBSERVATIONS

FISH BEHAVIOR

-
-
-
-
-
-
-
-

WATER MAINTENANCE

-
-
-
-
-
-
-
-

FEEDING

-
-
-

TEMPERATURE

-
-
-

FISH TANK OBSERVATIONS

FISH BEHAVIOR

-
-
-
-
-
-
-
-

WATER MAINTENANCE

-
-
-
-
-
-
-

FEEDING

-
-
-

TEMPERATURE

-
-
-

FISH TANK OBSERVATIONS

FISH BEHAVIOR

-
-
-
-
-
-
-
-

WATER MAINTENANCE

-
-
-
-
-
-
-

FEEDING

-
-
-

TEMPERATURE

-
-
-

FISH TANK OBSERVATIONS

FISH BEHAVIOR

-
-
-
-
-
-
-
-

WATER MAINTENANCE

-
-
-
-
-
-
-
-

FEEDING

-
-
-

TEMPERATURE

-
-
-

FISH TANK OBSERVATIONS

FISH BEHAVIOR

-
-
-
-
-
-
-
-

WATER MAINTENANCE

-
-
-
-
-
-
-

FEEDING

-
-
-

TEMPERATURE

-
-
-

FISH TANK OBSERVATIONS

FISH BEHAVIOR

-
-
-
-
-
-
-
-

WATER MAINTENANCE

-
-
-
-
-
-
-
-

FEEDING

-
-
-

TEMPERATURE

-
-
-

FISH TANK OBSERVATIONS

FISH BEHAVIOR

-
-
-
-
-
-
-
-

WATER MAINTENANCE

-
-
-
-
-
-
-
-

FEEDING

-
-
-

TEMPERATURE

-
-
-

FISH TANK
OBSERVATIONS

FISH BEHAVIOR

-
-
-
-
-
-
-
-

WATER MAINTENANCE

-
-
-
-
-
-
-
-

FEEDING

-
-
-

TEMPERATURE

-
-
-

FISH TANK OBSERVATIONS

FISH BEHAVIOR

-
-
-
-
-
-
-
-

WATER MAINTENANCE

-
-
-
-
-
-
-
-

FEEDING

-
-
-

TEMPERATURE

-
-
-

FISH TANK OBSERVATIONS

FISH BEHAVIOR

-
-
-
-
-
-
-
-

WATER MAINTENANCE

-
-
-
-
-
-
-
-

FEEDING

-
-
-

TEMPERATURE

-
-
-

FISH TANK OBSERVATIONS

FISH BEHAVIOR

-
-
-
-
-
-
-
-

WATER MAINTENANCE

-
-
-
-
-
-
-

FEEDING

-
-
-

TEMPERATURE

-
-
-

FISH TANK OBSERVATIONS

FISH BEHAVIOR

-
-
-
-
-
-
-
-

WATER MAINTENANCE

-
-
-
-
-
-
-
-

FEEDING

-
-
-

TEMPERATURE

-
-
-

FISH TANK OBSERVATIONS

FISH BEHAVIOR

-
-
-
-
-
-
-
-

WATER MAINTENANCE

-
-
-
-
-
-
-
-

FEEDING

-
-
-

TEMPERATURE

-
-
-

FISH TANK
OBSERVATIONS

FISH BEHAVIOR

-
-
-
-
-
-
-
-

WATER MAINTENANCE

-
-
-
-
-
-
-
-

FEEDING

-
-
-

TEMPERATURE

-
-
-

FISH TANK OBSERVATIONS

FISH BEHAVIOR

-
-
-
-
-
-
-
-

WATER MAINTENANCE

-
-
-
-
-
-
-

FEEDING

-
-
-

TEMPERATURE

-
-
-

FISH TANK OBSERVATIONS

FISH BEHAVIOR

-
-
-
-
-
-
-
-

WATER MAINTENANCE

-
-
-
-
-
-
-
-

FEEDING

-
-
-

TEMPERATURE

-
-
-

FISH TANK
OBSERVATIONS

FISH BEHAVIOR

-
-
-
-
-
-
-
-

WATER MAINTENANCE

-
-
-
-
-
-
-

FEEDING

-
-
-

TEMPERATURE

-
-
-

FISH TANK OBSERVATIONS

FISH BEHAVIOR

-
-
-
-
-
-
-
-

WATER MAINTENANCE

-
-
-
-
-
-
-
-

FEEDING

-
-
-

TEMPERATURE

-
-
-

FISH TANK OBSERVATIONS

FISH BEHAVIOR

-
-
-
-
-
-
-
-

WATER MAINTENANCE

-
-
-
-
-
-
-

FEEDING

-
-
-

TEMPERATURE

-
-
-

FISH TANK
OBSERVATIONS

FISH BEHAVIOR

-
-
-
-
-
-
-
-

WATER MAINTENANCE

-
-
-
-
-
-
-
-

FEEDING

-
-
-

TEMPERATURE

-
-
-

FISH TANK OBSERVATIONS

FISH BEHAVIOR

-
-
-
-
-
-
-
-

WATER MAINTENANCE

-
-
-
-
-
-
-
-

FEEDING

-
-
-

TEMPERATURE

-
-
-

FISH TANK OBSERVATIONS

FISH BEHAVIOR

-
-
-
-
-
-
-

WATER MAINTENANCE

-
-
-
-
-
-
-

FEEDING

-
-
-

TEMPERATURE

-
-
-

FISH TANK OBSERVATIONS

FISH BEHAVIOR

-
-
-
-
-
-
-
-

WATER MAINTENANCE

-
-
-
-
-
-
-

FEEDING

-
-
-

TEMPERATURE

-
-
-

FISH TANK
OBSERVATIONS

FISH BEHAVIOR

-
-
-
-
-
-
-
-

WATER MAINTENANCE

-
-
-
-
-
-
-
-

FEEDING

-
-
-

TEMPERATURE

-
-
-

FISH TANK OBSERVATIONS

FISH BEHAVIOR

-
-
-
-
-
-
-
-

WATER MAINTENANCE

-
-
-
-
-
-
-

FEEDING

-
-
-

TEMPERATURE

-
-
-

FISH TANK OBSERVATIONS

FISH BEHAVIOR

-
-
-
-
-
-
-
-

WATER MAINTENANCE

-
-
-
-
-
-
-
-

FEEDING

-
-
-

TEMPERATURE

-
-
-

FISH TANK OBSERVATIONS

FISH BEHAVIOR

-
-
-
-
-
-
-
-

WATER MAINTENANCE

-
-
-
-
-
-
-

FEEDING

-
-
-

TEMPERATURE

-
-
-

FISH TANK OBSERVATIONS

FISH BEHAVIOR

-
-
-
-
-
-
-
-

WATER MAINTENANCE

-
-
-
-
-
-
-
-

FEEDING

-
-
-

TEMPERATURE

-
-
-

FISH TANK OBSERVATIONS

FISH BEHAVIOR

-
-
-
-
-
-
-
-

WATER MAINTENANCE

-
-
-
-
-
-
-
-

FEEDING

-
-
-

TEMPERATURE

-
-
-

FISH TANK OBSERVATIONS

FISH BEHAVIOR

-
-
-
-
-
-
-
-

WATER MAINTENANCE

-
-
-
-
-
-
-
-

FEEDING

-
-
-

TEMPERATURE

-
-
-

FISH TANK OBSERVATIONS

FISH BEHAVIOR

-
-
-
-
-
-
-
-

WATER MAINTENANCE

-
-
-
-
-
-
-
-

FEEDING

-
-
-

TEMPERATURE

-
-
-

FISH TANK OBSERVATIONS

FISH BEHAVIOR

-
-
-
-
-
-
-
-

WATER MAINTENANCE

-
-
-
-
-
-
-
-

FEEDING

-
-
-

TEMPERATURE

-
-
-

FISH TANK OBSERVATIONS

FISH BEHAVIOR

-
-
-
-
-
-
-
-

WATER MAINTENANCE

-
-
-
-
-
-
-
-

FEEDING

-
-
-

TEMPERATURE

-
-
-

FISH TANK OBSERVATIONS

FISH BEHAVIOR

-
-
-
-
-
-
-
-

WATER MAINTENANCE

-
-
-
-
-
-
-
-

FEEDING

-
-
-

TEMPERATURE

-
-
-

FISH TANK OBSERVATIONS

FISH BEHAVIOR

-
-
-
-
-
-
-
-

WATER MAINTENANCE

-
-
-
-
-
-
-

FEEDING

-
-
-

TEMPERATURE

-
-
-

FISH TANK OBSERVATIONS

FISH BEHAVIOR

-
-
-
-
-
-
-
-

WATER MAINTENANCE

-
-
-
-
-
-
-

FEEDING

-
-
-

TEMPERATURE

-
-
-

FISH TANK OBSERVATIONS

FISH BEHAVIOR

-
-
-
-
-
-
-
-

WATER MAINTENANCE

-
-
-
-
-
-
-
-

FEEDING

-
-
-

TEMPERATURE

-
-
-

FISH TANK OBSERVATIONS

FISH BEHAVIOR

-
-
-
-
-
-
-
-

WATER MAINTENANCE

-
-
-
-
-
-
-
-

FEEDING

-
-
-

TEMPERATURE

-
-
-

FISH TANK OBSERVATIONS

FISH BEHAVIOR

-
-
-
-
-
-
-
-

WATER MAINTENANCE

-
-
-
-
-
-
-
-

FEEDING

-
-
-

TEMPERATURE

-
-
-

FISH TANK OBSERVATIONS

FISH BEHAVIOR

-
-
-
-
-
-
-
-

WATER MAINTENANCE

-
-
-
-
-
-
-

FEEDING

-
-
-

TEMPERATURE

-
-
-

FISH TANK OBSERVATIONS

FISH BEHAVIOR

-
-
-
-
-
-
-
-

WATER MAINTENANCE

-
-
-
-
-
-
-
-

FEEDING

-
-
-

TEMPERATURE

-
-
-

FISH TANK OBSERVATIONS

FISH BEHAVIOR

-
-
-
-
-
-
-
-

WATER MAINTENANCE

-
-
-
-
-
-
-
-

FEEDING

-
-
-

TEMPERATURE

-
-
-

FISH TANK OBSERVATIONS

FISH BEHAVIOR

-
-
-
-
-
-
-
-

WATER MAINTENANCE

-
-
-
-
-
-
-
-

FEEDING

-
-
-

TEMPERATURE

-
-
-

FISH TANK OBSERVATIONS

FISH BEHAVIOR

-
-
-
-
-
-
-
-

WATER MAINTENANCE

-
-
-
-
-
-
-
-

FEEDING

-
-
-

TEMPERATURE

-
-
-

FISH TANK
OBSERVATIONS

FISH BEHAVIOR

-
-
-
-
-
-
-
-

WATER MAINTENANCE

-
-
-
-
-
-
-
-

FEEDING

-
-
-

TEMPERATURE

-
-
-

FISH TANK
OBSERVATIONS

FISH BEHAVIOR

-
-
-
-
-
-
-
-

WATER MAINTENANCE

-
-
-
-
-
-
-
-

FEEDING

-
-
-

TEMPERATURE

-
-
-

FISH TANK OBSERVATIONS

FISH BEHAVIOR

-
-
-
-
-
-
-
-

WATER MAINTENANCE

-
-
-
-
-
-
-

FEEDING

-
-
-

TEMPERATURE

-
-
-

FISH TANK OBSERVATIONS

FISH BEHAVIOR

-
-
-
-
-
-
-

WATER MAINTENANCE

-
-
-
-
-
-
-

FEEDING

-
-
-

TEMPERATURE

-
-
-

FISH TANK OBSERVATIONS

FISH BEHAVIOR

-
-
-
-
-
-
-
-

WATER MAINTENANCE

-
-
-
-
-
-
-
-

FEEDING

-
-
-

TEMPERATURE

-
-
-

FISH TANK OBSERVATIONS

FISH BEHAVIOR

-
-
-
-
-
-
-
-

WATER MAINTENANCE

-
-
-
-
-
-
-
-

FEEDING

-
-
-

TEMPERATURE

-
-
-

FISH TANK OBSERVATIONS

FISH BEHAVIOR

-
-
-
-
-
-
-
-

WATER MAINTENANCE

-
-
-
-
-
-
-

FEEDING

-
-
-

TEMPERATURE

-
-
-

FISH TANK OBSERVATIONS

FISH BEHAVIOR

-
-
-
-
-
-
-
-

WATER MAINTENANCE

-
-
-
-
-
-
-
-

FEEDING

-
-
-

TEMPERATURE

-
-
-

FISH TANK OBSERVATIONS

FISH BEHAVIOR

-
-
-
-
-
-
-
-

WATER MAINTENANCE

-
-
-
-
-
-
-

FEEDING

-
-
-

TEMPERATURE

-
-
-

FISH TANK OBSERVATIONS

FISH BEHAVIOR

-
-
-
-
-
-
-
-

WATER MAINTENANCE

-
-
-
-
-
-
-
-

FEEDING

-
-
-

TEMPERATURE

-
-
-

FISH TANK OBSERVATIONS

FISH BEHAVIOR

-
-
-
-
-
-
-
-

WATER MAINTENANCE

-
-
-
-
-
-
-
-

FEEDING

-
-
-

TEMPERATURE

-
-
-

FISH TANK OBSERVATIONS

FISH BEHAVIOR

-
-
-
-
-
-
-
-

WATER MAINTENANCE

-
-
-
-
-
-
-
-

FEEDING

-
-
-

TEMPERATURE

-
-
-

FISH TANK OBSERVATIONS

FISH BEHAVIOR

-
-
-
-
-
-
-
-

WATER MAINTENANCE

-
-
-
-
-
-
-
-

FEEDING

-
-
-

TEMPERATURE

-
-
-

FISH TANK OBSERVATIONS

FISH BEHAVIOR

-
-
-
-
-
-
-
-

WATER MAINTENANCE

-
-
-
-
-
-
-
-

FEEDING

-
-
-

TEMPERATURE

-
-
-

FISH TANK OBSERVATIONS

FISH BEHAVIOR

-
-
-
-
-
-
-

WATER MAINTENANCE

-
-
-
-
-
-
-

FEEDING

-
-
-

TEMPERATURE

-
-
-

FISH TANK OBSERVATIONS

FISH BEHAVIOR

-
-
-
-
-
-
-
-

WATER MAINTENANCE

-
-
-
-
-
-
-
-

FEEDING

-
-
-

TEMPERATURE

-
-
-

FISH TANK OBSERVATIONS

FISH BEHAVIOR

-
-
-
-
-
-
-

WATER MAINTENANCE

-
-
-
-
-
-
-

FEEDING

-
-
-

TEMPERATURE

-
-
-

FISH TANK OBSERVATIONS

FISH BEHAVIOR

-
-
-
-
-
-
-

WATER MAINTENANCE

-
-
-
-
-
-
-

FEEDING

-
-
-

TEMPERATURE

-
-
-

FISH TANK OBSERVATIONS

FISH BEHAVIOR

-
-
-
-
-
-
-
-

WATER MAINTENANCE

-
-
-
-
-
-
-

FEEDING

-
-
-

TEMPERATURE

-
-
-

FISH TANK OBSERVATIONS

FISH BEHAVIOR

-
-
-
-
-
-
-
-

WATER MAINTENANCE

-
-
-
-
-
-
-
-

FEEDING

-
-
-

TEMPERATURE

-
-
-

FISH TANK OBSERVATIONS

FISH BEHAVIOR

-
-
-
-
-
-
-
-

WATER MAINTENANCE

-
-
-
-
-
-
-
-

FEEDING

-
-
-

TEMPERATURE

-
-
-

FISH TANK
OBSERVATIONS

FISH BEHAVIOR

-
-
-
-
-
-
-

WATER MAINTENANCE

-
-
-
-
-
-
-
-

FEEDING

-
-
-

TEMPERATURE

-
-
-

FISH TANK
OBSERVATIONS

FISH BEHAVIOR

-
-
-
-
-
-
-
-

WATER MAINTENANCE

-
-
-
-
-
-
-

FEEDING

-
-
-

TEMPERATURE

-
-
-

FISH TANK
OBSERVATIONS

FISH BEHAVIOR

-
-
-
-
-
-
-

WATER MAINTENANCE

-
-
-
-
-
-
-

FEEDING

-
-
-

TEMPERATURE

-
-
-

FISH TANK OBSERVATIONS

FISH BEHAVIOR

-
-
-
-
-
-
-
-

WATER MAINTENANCE

-
-
-
-
-
-
-

FEEDING

-
-
-

TEMPERATURE

-
-
-

FISH TANK OBSERVATIONS

FISH BEHAVIOR

-
-
-
-
-
-
-
-

WATER MAINTENANCE

-
-
-
-
-
-
-
-

FEEDING

-
-
-

TEMPERATURE

-
-
-

FISH TANK OBSERVATIONS

FISH BEHAVIOR

-
-
-
-
-
-
-
-

WATER MAINTENANCE

-
-
-
-
-
-
-

FEEDING

-
-
-

TEMPERATURE

-
-
-

FISH TANK
OBSERVATIONS

FISH BEHAVIOR

-
-
-
-
-
-
-
-

WATER MAINTENANCE

-
-
-
-
-
-
-
-

FEEDING

-
-
-

TEMPERATURE

-
-
-

FISH TANK OBSERVATIONS

FISH BEHAVIOR

-
-
-
-
-
-
-
-

WATER MAINTENANCE

-
-
-
-
-
-
-
-

FEEDING

-
-
-

TEMPERATURE

-
-
-

FISH TANK OBSERVATIONS

FISH BEHAVIOR

-
-
-
-
-
-
-

WATER MAINTENANCE

-
-
-
-
-
-
-
-

FEEDING

-
-
-

TEMPERATURE

-
-
-

FISH TANK OBSERVATIONS

FISH BEHAVIOR

-
-
-
-
-
-
-
-

WATER MAINTENANCE

-
-
-
-
-
-
-
-

FEEDING

-
-
-

TEMPERATURE

-
-
-

FISH TANK
OBSERVATIONS

FISH BEHAVIOR

-
-
-
-
-
-
-

WATER MAINTENANCE

-
-
-
-
-
-
-

FEEDING

-
-
-

TEMPERATURE

-
-
-

FISH TANK
OBSERVATIONS

FISH BEHAVIOR

-
-
-
-
-
-
-
-

WATER MAINTENANCE

-
-
-
-
-
-
-
-

FEEDING

-
-
-

TEMPERATURE

-
-
-

FISH TANK OBSERVATIONS

FISH BEHAVIOR

-
-
-
-
-
-
-
-

WATER MAINTENANCE

-
-
-
-
-
-
-
-

FEEDING

-
-
-

TEMPERATURE

-
-
-

FISH TANK OBSERVATIONS

FISH BEHAVIOR

-
-
-
-
-
-
-
-

WATER MAINTENANCE

-
-
-
-
-
-
-
-

FEEDING

-
-
-

TEMPERATURE

-
-
-

FISH TANK OBSERVATIONS

FISH BEHAVIOR

-
-
-
-
-
-
-
-

WATER MAINTENANCE

-
-
-
-
-
-
-
-

FEEDING

-
-
-

TEMPERATURE

-
-
-

FISH TANK
OBSERVATIONS

FISH BEHAVIOR

-
-
-
-
-
-
-
-

WATER MAINTENANCE

-
-
-
-
-
-
-
-

FEEDING

-
-
-

TEMPERATURE

-
-
-

FISH TANK OBSERVATIONS

FISH BEHAVIOR

-
-
-
-
-
-
-

WATER MAINTENANCE

-
-
-
-
-
-
-

FEEDING

-
-
-

TEMPERATURE

-
-
-

FISH TANK OBSERVATIONS

FISH BEHAVIOR

-
-
-
-
-
-
-
-

WATER MAINTENANCE

-
-
-
-
-
-
-

FEEDING

-
-
-

TEMPERATURE

-
-
-

FISH TANK OBSERVATIONS

FISH BEHAVIOR

-
-
-
-
-
-
-
-

WATER MAINTENANCE

-
-
-
-
-
-
-
-

FEEDING

-
-
-

TEMPERATURE

-
-
-

FISH TANK OBSERVATIONS

FISH BEHAVIOR

-
-
-
-
-
-
-
-

WATER MAINTENANCE

-
-
-
-
-
-
-
-

FEEDING

-
-
-

TEMPERATURE

-
-
-

FISH TANK OBSERVATIONS

FISH BEHAVIOR

-
-
-
-
-
-
-

WATER MAINTENANCE

-
-
-
-
-
-
-

FEEDING

-
-
-

TEMPERATURE

-
-
-

FISH TANK OBSERVATIONS

FISH BEHAVIOR

-
-
-
-
-
-
-
-

WATER MAINTENANCE

-
-
-
-
-
-
-

FEEDING

-
-
-

TEMPERATURE

-
-
-

FISH TANK OBSERVATIONS

FISH BEHAVIOR

-
-
-
-
-
-
-
-

WATER MAINTENANCE

-
-
-
-
-
-
-

FEEDING

-
-
-

TEMPERATURE

-
-
-

FISH TANK OBSERVATIONS

FISH BEHAVIOR

-
-
-
-
-
-
-
-

WATER MAINTENANCE

-
-
-
-
-
-
-
-

FEEDING

-
-
-

TEMPERATURE

-
-
-

FISH TANK OBSERVATIONS

FISH BEHAVIOR

-
-
-
-
-
-
-
-

WATER MAINTENANCE

-
-
-
-
-
-
-

FEEDING

-
-
-

TEMPERATURE

-
-
-

FISH TANK OBSERVATIONS

FISH BEHAVIOR

-
-
-
-
-
-
-
-

WATER MAINTENANCE

-
-
-
-
-
-
-

FEEDING

-
-
-

TEMPERATURE

-
-
-

FISH TANK
OBSERVATIONS

FISH BEHAVIOR

-
-
-
-
-
-
-
-

WATER MAINTENANCE

-
-
-
-
-
-
-
-

FEEDING

-
-
-

TEMPERATURE

-
-
-

FISH TANK
OBSERVATIONS

FISH BEHAVIOR

-
-
-
-
-
-
-
-

WATER MAINTENANCE

-
-
-
-
-
-
-

FEEDING

-
-
-

TEMPERATURE

-
-
-

FISH TANK
OBSERVATIONS

FISH BEHAVIOR

-
-
-
-
-
-
-
-

WATER MAINTENANCE

-
-
-
-
-
-
-
-

FEEDING

-
-
-

TEMPERATURE

-
-
-

FISH TANK OBSERVATIONS

FISH BEHAVIOR

-
-
-
-
-
-
-
-

WATER MAINTENANCE

-
-
-
-
-
-
-

FEEDING

-
-
-

TEMPERATURE

-
-
-

FISH TANK OBSERVATIONS

FISH BEHAVIOR

-
-
-
-
-
-
-
-

WATER MAINTENANCE

-
-
-
-
-
-
-
-

FEEDING

-
-
-

TEMPERATURE

-
-
-

FISH TANK OBSERVATIONS

FISH BEHAVIOR

-
-
-
-
-
-
-
-

WATER MAINTENANCE

-
-
-
-
-
-
-
-

FEEDING

-
-
-

TEMPERATURE

-
-
-

FISH TANK
OBSERVATIONS

FISH BEHAVIOR

-
-
-
-
-
-
-
-

WATER MAINTENANCE

-
-
-
-
-
-
-
-

FEEDING

-
-
-

TEMPERATURE

-
-
-